Impressum
Verlag: BABADADA GmbH, Nedderfeld 112 , 22529 Hamburg
Geschäftsführer / Verlagsleitung: Harald Hof
Druck: Books on Demand GmbH, In de Tarpen 42, 22848 Norderstedt

Imprint
Publisher: BABADADA GmbH, Nedderfeld 112 , 22529 Hamburg, Germany
Managing Director / Publishing direction: Harald Hof
Print: Books on Demand GmbH, In de Tarpen 42, 22848 Norderstedt, Germany

школа
escola

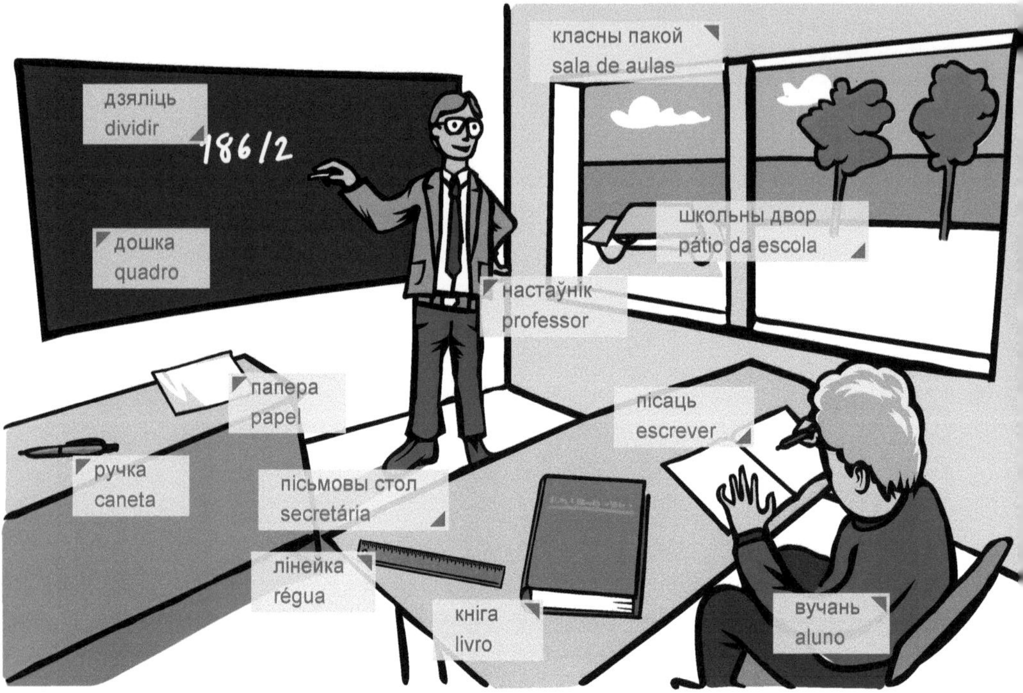

класны пакой
sala de aulas
дзяліць
dividir
186/2
дошка
quadro
школьны двор
pátio da escola
настаўнік
professor
папера
papel
пісаць
escrever
ручка
caneta
пісьмовы стол
secretária
лінейка
régua
кніга
livro
вучань
aluno

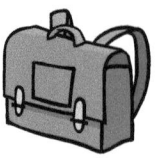

ранец
mochila

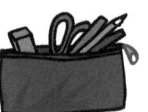

пенал
estojo de lápis

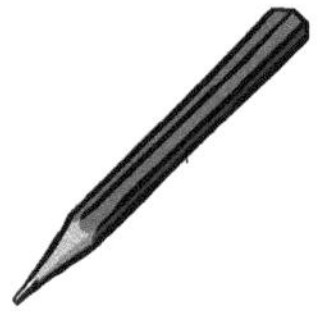

просты аловак
lápis

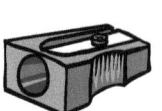

тачылка для алоўкаў
afia-lápis

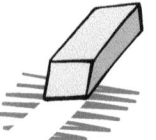

гумка
borracha

альбом для малявання
bloco de desenho

малюнак

desenho

пэндзлік

pincel

фарбы

caixa de tintas

нажніцы

tesoura

клей

cola

сшытак

livro de exercícios

хатняе заданне

trabalhos de casa

12

лік

número

2+2

дадаваць

somar

5−2

адымаць

subtrair

2×2

множыць

multiplicar

лічыць

calcular

A

літара

letra

ABCDEFG
HIJKLMN
OPQRSTU
VWXYZ

алфавіт

alfabeto

hello

слова

palavra

тэкст

texto

чытаць

ler

крэйда

giz

ўрок

hora

класны журнал

registo de presenças

экзамен

exame

атэстат

certificado

школьная форма

uniforme escolar

адукацыя

educação

энцыклапедыя

enciclopédia

універсітэт

universidade

мікраскоп

microscópio

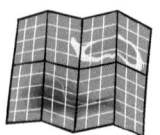

карта

mapa

смеццевы кошык

cesto de lixo

школа - escola

гатэль
hotel

Grand

хостэл
hostel

ROOMS

абменны пункт
casa de câmbio

EXCHANGE

чамадан
mala

аўтамабіль
carro

мова
idioma

так / не
sim / não

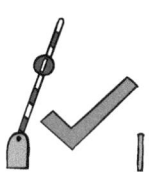

добра
ok / certo / correto

прывітанне!
olá

перекладчык
intérprete

дзякуй
obrigado

Колькі каштуе....?

quanto é que custa... ?

я не разумею

não entendo

праблема

problema

Добры вечар!

boa noite!

Добрай раніцы!

Bom dia!

Дабранач!

Boa noite!

да пабачэння

adeus

кірунак

direção

багаж

bagagem

сумка

saco

заплечнік

mochila

госць

convidado

пакой

quarto

спальны мяшок

saco-cama

палатка

tenda

нфармацыя для турыстаў

informação turística

пляж

praia

крэдытная картка

cartão de crédito

снеданне

pequeno-almoço

абед

almoço

вячэра

jantar

праязны білет

bilhete

ліфт

elevador

паштовая марка

selo postal

мяжа

fronteira

мытня

alfândega

пасольства

embaixada

віза

visto

пашпарт

passaporte

транспарт

transporte

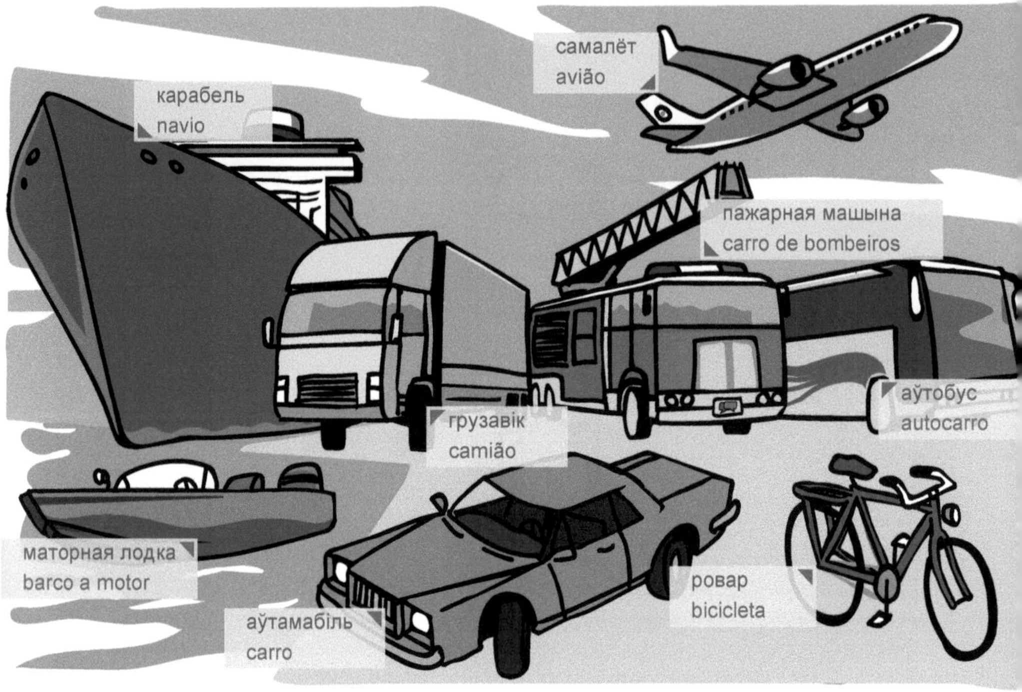

самалёт
avião
карабель
navio
пажарная машына
carro de bombeiros
аўтобус
autocarro
грузавік
camião
маторная лодка
barco a motor
ровар
bicicleta
аўтамабіль
carro

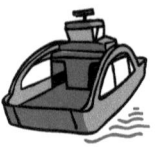

паром

cacilheiro

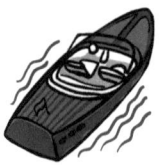

лодка

barco

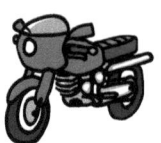

матацыкл

mota

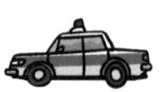

паліцэйская машына

carro de polícia

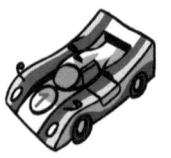

гоначны аўтамабіль

carro de corrida

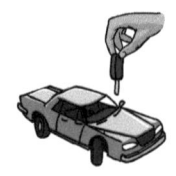

арэндаваны аўтамабіль

carro alugado

сумеснае карыстанне
аўтамабілем
carsharing

эвакуатар
camião de reboque

смеццявоз
camião do lixo

матор
motor

паліва
combustível

запраўка
estação de serviço

дарожны знак
sinal de trânsito

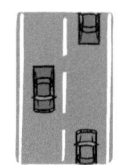

дарожны рух
trânsito

затор
congestionamento de
trânsito

паркоўка
parque de estacionamento

чыгуначная станцыя
estação ferroviária

рэйкі
carris

цягнік
comboio

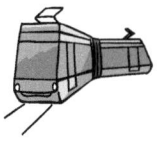

трамвай
elétrico

вагон
carruagem

верталёт

helicóptero

аэрапорт

aeroporto

вежа

torre

пасажыр

passageiro

кантэйнер

contentor

кардонная скрыня

caixa de papelão

тачка

carrinho

карзіна

cesto

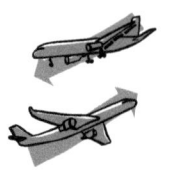

ўзлятаць / прызямляцца

levantar voo / aterrar

горад
cidade

вёска

aldeia

цэнтр горада

centro da cidade

дом

casa

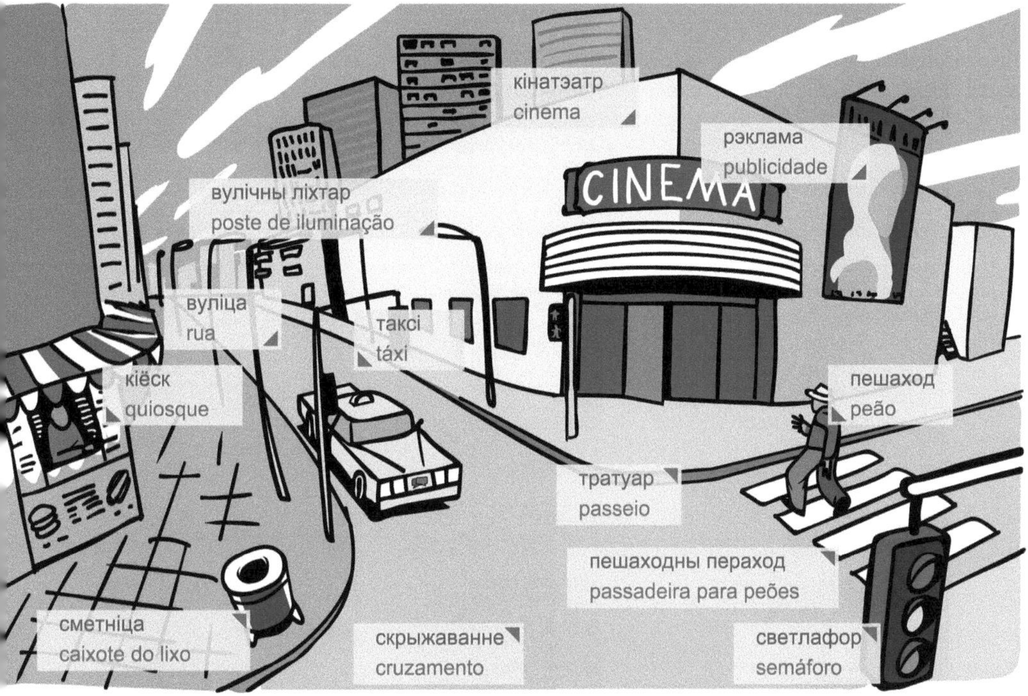

кінатэатр
cinema
CINEMA
рэклама
publicidade
вулічны ліхтар
poste de iluminação
вуліца
rua
таксі
táxi
кіёск
quiosque
пешаход
peão
тратуар
passeio
пешаходны пераход
passadeira para peões
сметніца
caixote do lixo
скрыжаванне
cruzamento
светлафор
semáforo

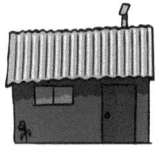

халупа

cabana

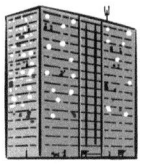

кватэра

apartamento

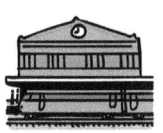

чыгуначная станцыя

estação ferroviária

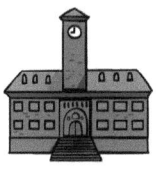

ратуша

câmara municipal

MUSEUM

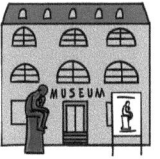

музей

museu

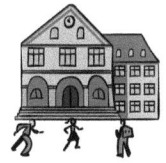

школа

escola

універсітэт

universidade

банк

banco

шпіталь

hospital

гатэль

hotel

аптэка

farmácia

офіс

escritório

кнігарня

livraria

крама

loja

кветкавая крама

florista

супермаркет

supermercado

кірмаш

mercado

універмаг

loja de departamentos

рыбная крама

peixaria

гандлевы цэнтр

centro comercial

порт

porto

парк

parque

лава

banco

мост

ponte

лесвіца

escadas

метро

metro

тунэль

túnel

прыпынак

paragem de autocarro

бар

bar

рэстаран

restaurante

паштовая скрыня

caixa de correio

вулічны паказальнік

sinal de trânsito

паркамат

parquímetro

заапарк

jardim zoológico

басейн

piscina

мячэць

mesquita

сядзіба

quinta

забруджванне
навакольнага асяроддзя

poluição

могілкі

cemitério

царква

igreja

пляцоўка для гульні

parque infantil

храм

templo

краявід

paisagem

ліст
folha

паказальнік
placa de sinalização

дарога
caminho

луг
prado

камень
pedra

дрэва
árvore

падарожнік
caminhantes

рака
rio

трава
relva

кветка
flor

даліна

vale

гара

montanha

возера

lago

лес

floresta

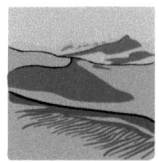

пустыня

deserto

вулкан

vulcão

замак

castelo

вясёлка

arco-íris

грыб

cogumelo

пальма

palma

камар

mosquito

муха

mosca

мурашка

formiga

пчала

abelha

павук

aranha

жук

besouro

жаба

sapo

вавёрка

esquilo

вожык

ouriço

заяц

lebre

сава

coruja

птушка

pássaro

лебедзь

cisne

дзік

javali

алень

veado

лось

alce

плаціна

barragem

вятрак

turbina eólica

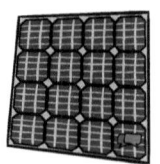

сонечная батарэя

painel solar

клімат

clima

афіцыянт
empregado de mesa

меню
menu

крэсла
cadeira

суп
sopa

піца
pizza

сталовыя прыборы
talheres

абрус
toalha de mesa

закуска
entrada

другая страва
prato principal

дэсерт
sobremesa

напоі
bebidas

ежа
comida

бутэлька
garrafa

хуткае харчаванне (фаст-фуд)

fast food

стрыт-фуд

comida de rua

імбрык (чайнік)

bule de chá

цукарніца

açucareiro

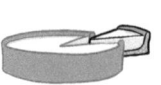

порцыя

porção

эспрэса-машына

máquina de café expresso

дзіцячае крэселка

cadeira alta

рахунак

conta

паднос

bandeja

нож

faca

відэлец

garfo

лыжка

colher

чайная лыжка

colher de chá

сурвэтка

guardanapo

шклянка

copo

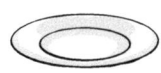

талерка

prato

супавая талерка

prato de sopa

сподак

pires

соус

molho

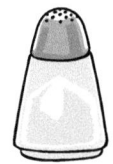

сальніца

saleiro

млынок для перцу

moinho de pimenta

воцат

vinagre

алей

óleo

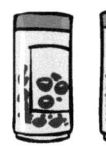

спецыі

especiarias

кетчуп

ketchup

гарчыца

mostarda

маянэз

maionese

супермаркет

supermercado

акцыя
oferta especial
FOR
пакупнік
cliente
малочныя прадукты
laticínios
садавіна
fruta
вазок
carrinho de compras

BUTCHERS

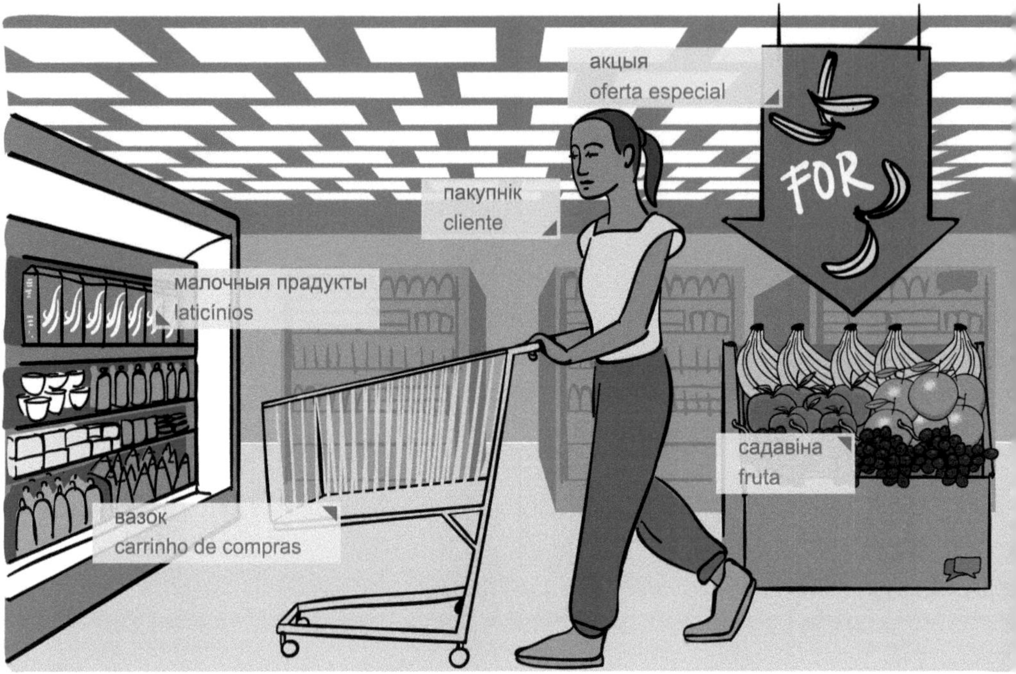

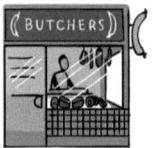

мясная крама

talho

BAKERY

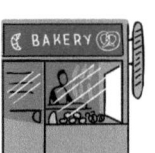

хлебны магазін

padaria

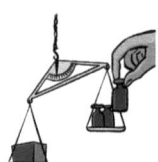

важыць

pesar

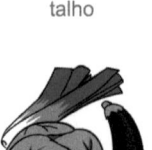

гароднiна

vegetais

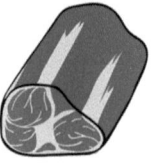

мяса

carne

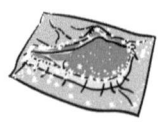

свежазамарожаныя прадукты

alimentos congelados

нарэзка

charcutaria

кансервы

comida enlatada

пральны парашок

detergente em pó

прысмакі

doces

хатнія прылады

artigos domésticos

чысцячы сродак

produtos de limpeza

прадавец

vendedora

каса

caixa

касір

caixa

спіс пакупак

lista de compras

гадзіны працы

horário de funcionamento

бумажнік

carteira

крэдытная картка

cartão de crédito

сумка

saco

пакет

saco de plástico

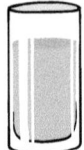

вада

água

сок

sumo

малако

leite

кола

coca-cola

віно

vinho

піва

cerveja

алкаголь

álcool

какава

cacau

гарбата (чай)

chá

кава

café

эспрэса

café expresso

капучына

capuccino

банан

banana

яблык

maçã

апельсін

laranja

дыня

melão

лімон

limão

морква

cenoura

часнок

alho

бамбук

bambu

цыбуля

cebola

грыб

cogumelo

арэхі

nozes

локшына

talharim

спагеці

esparguete

рыс

arroz

салата

salada

бульба фры

batatas fritas

смажаная бульба

batatas fritas

піца

pizza

гамбургер

hambúrguer

бутэрброд

sanduíche

шніцаль

bife panado

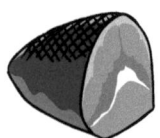

вяндліна

fiambre

салямі

salame

каўбаса

salsicha

курыца

galinha

смажаніна

assado

рыбак

peixe

аўсяныя камякі

flocos de aveia

мюслі

muesli

кукурузныя шматкі

flocos de milho

мука

farinha

круасан

croissant

булачка

carcaça (pãozinho)

хлеб

pão

тост

torrada

пячэнне

biscoitos

масла

manteiga

тварог

requeijão

пірог

bolo

яйка

ovo

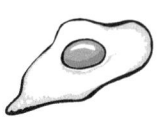

яечня

ovo estrelado

сыр

queijo

марожанае

gelado

цукар

açúcar

мёд

mel

варэнне

compota

нуга

creme de nougat

кары

caril

сядзіба
quinta

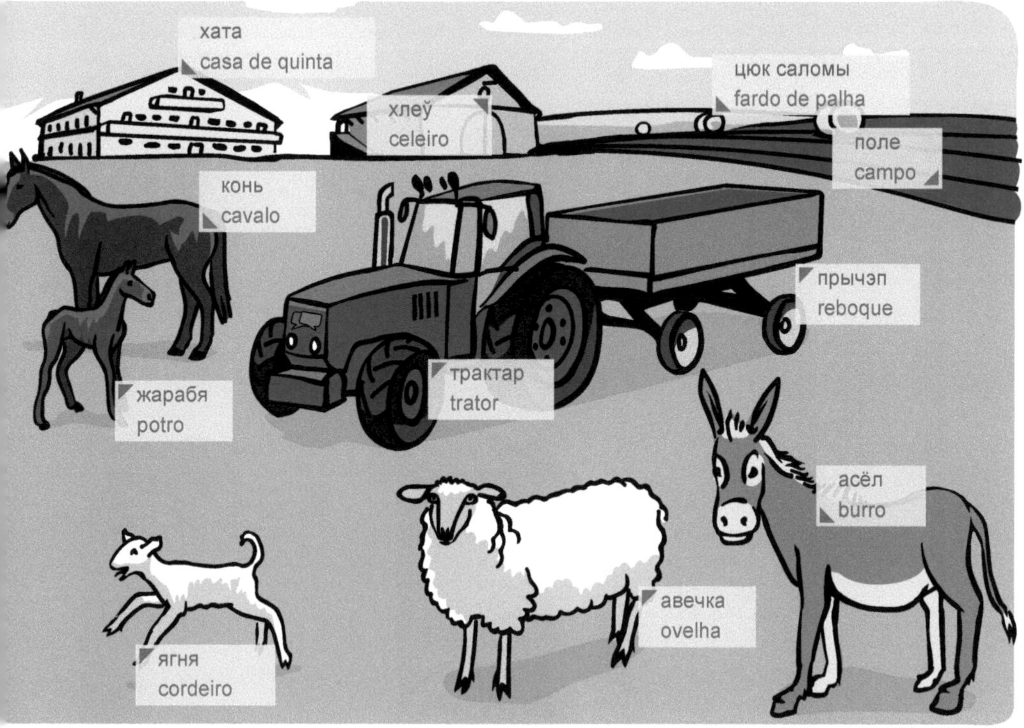
хата
casa de quinta
хлеў
celeiro
цюк саломы
fardo de palha
поле
campo
конь
cavalo
прычэп
reboque
трактар
trator
жарабя
potro
асёл
burro
авечка
ovelha
ягня
cordeiro

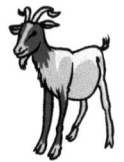

каза

cabra

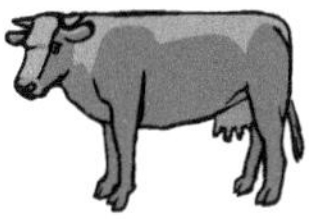

карова

vaca

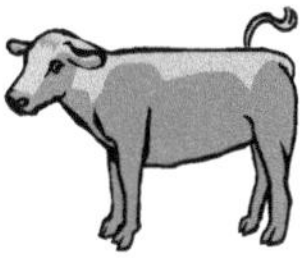

цяля

bezerro

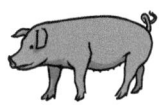

свіння

porco

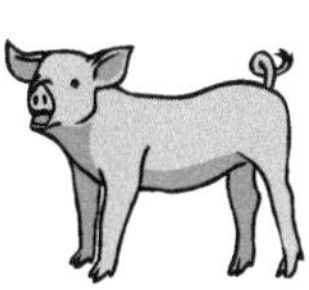

парася

leitão

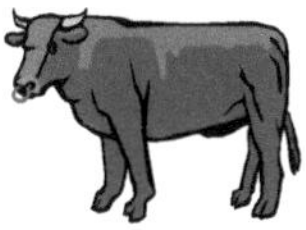

бык

touro

гусак

ganso

качка

pato

кураня

pintaínho

курыца

galinha

певень

galo

пацук

ratazana

кот

gato

мыш

rato

вол

boi

сабака

cão

сабачая будка

casota

садовы шланг

mangueira de jardim

палівачка

regador

каса

foice

плуг

arado

серп

foice

матыка

enxada

вілы для гною

forquilha

сякера

machado

тачка

carrinho de mão

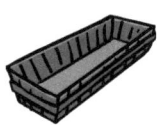

карыта

manjedoura

бітон для малака

jarro de leite

мех

saco

плот

cerca

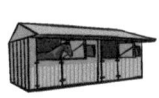

хлеў

estábulo

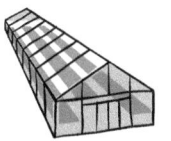

цяпліца

estufa

глеба

solo

насенне

semente

угнаенне

fertilizante

камбайн

ceifeira-debulhadora

збіраць ураджай

colher

ураджай

colheita

ямс

inhame

пшаніца

trigo

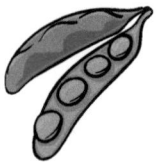

соя

soja

бульба

batata

кукуруза

milho

рапс

colza

садовае дрэва

árvore de fruto

маніёк

mandioca

збожжа

cereais

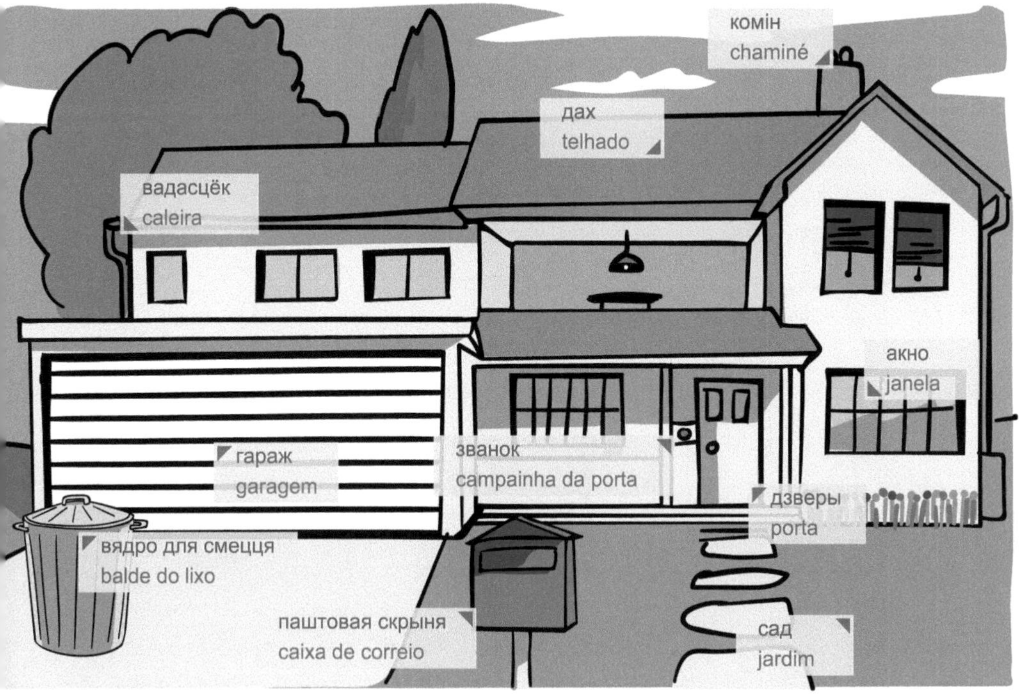

комін
chaminé

дах
telhado

вадасцёк
caleira

акно
janela

гараж
garagem

званок
campainha da porta

дзверы
porta

вядро для смецця
balde do lixo

паштовая скрыня
caixa de correio

сад
jardim

жылы пакой
....
sala de estar

ванная
....
casa de banho

кухня
....
cozinha

спальны пакой
....
quarto de dormir

дзіцячы пакой
....
quarto de criança

сталоўка
....
sala de jantar

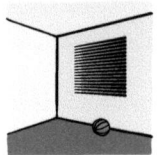

падлога
chão

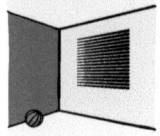

сцяна
parede

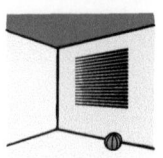

столь
teto

падвал
cave

саўна
sauna

балкон
varanda

тэраса
terraço

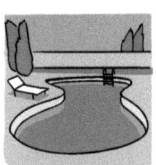

басейн
piscina

касілка
máquina de cortar relvado

падкоўдранік
lençol

коўдра
cobertor

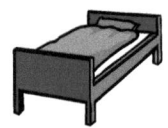

ложак
cama

венік
vassoura

вядро
balde

выключальнік
interruptor

жылы пакой

sala de estar

шпалеры
papel de parede
малюнак
imagem
лямпа
lâmpada
паліца
prateleira
шафа
armário
тэлевізар
televisão
камін
lareira
кветка
flor
падушка
almofada
канапа
sofá
ваза
vaso
пульт
controlo remoto

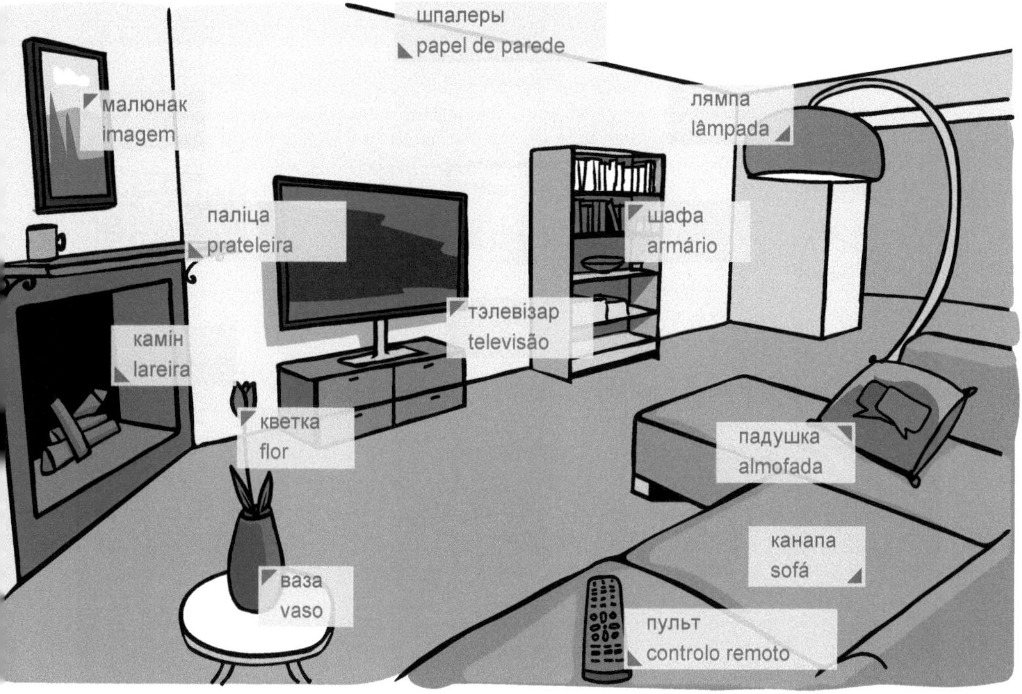

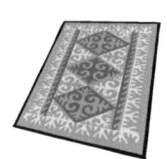

дыван

tapete

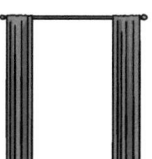

фіранка

cortina

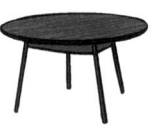

стол

mesa

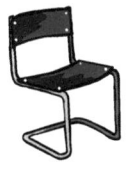

крэсла

cadeira

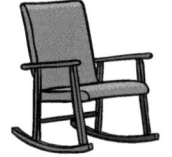

крэсла-качалка

cadeira de baloiço

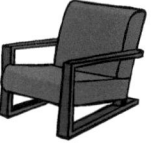

крэсла

poltrona

кніга
livro

коўдра
cobertor

дэкарацыя
decoração

дровы
lenha

кіно
filme

стэрэасістэма
sistema estéreo

ключ
chave

газета
jornal

карціна
pintura

постар
póster

радыё
rádio

нататнік
bloco de notas

пыласос
aspirador

кактус
cato

свечка
vela

кухня
cozinha

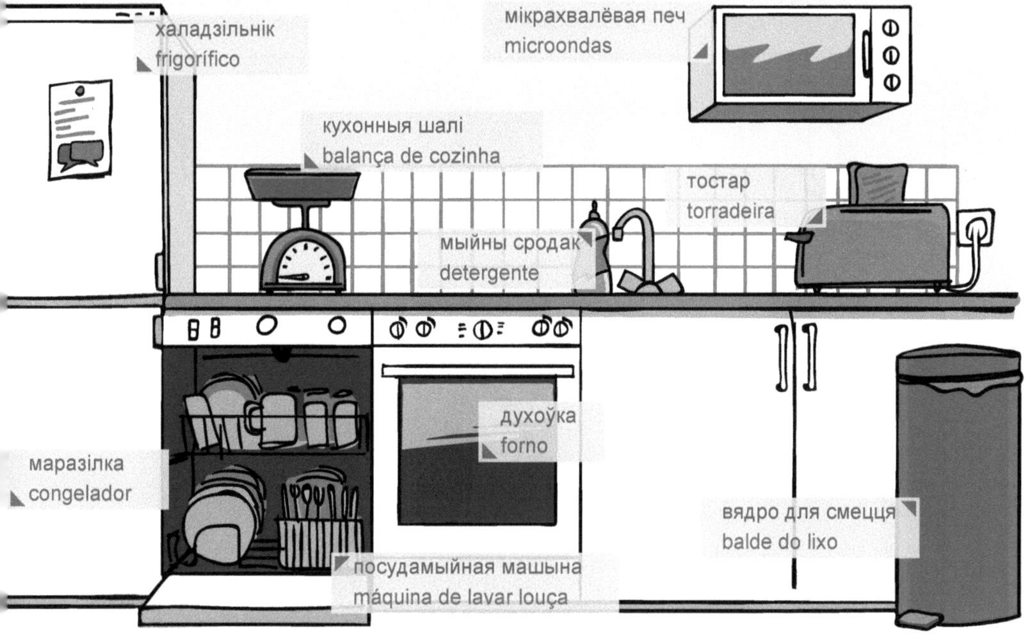
халадзільнік
frigorífico
мікрахвалёвая печ
microondas
кухонныя шалі
balança de cozinha
тостар
torradeira
мыйны сродак
detergente
духоўка
forno
маразілка
congelador
вядро для смецця
balde do lixo
посудамыйная машына
máquina de lavar louça

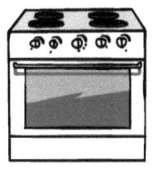

пліта
fogão

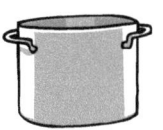

рондаль
panela

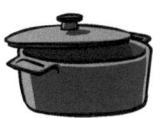

чыгунок
panela de ferro

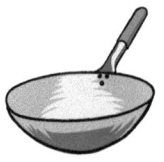

Вок / кадаі
wok / kadai

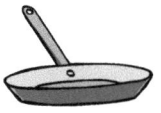

патэльня
frigideira

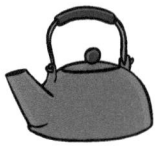

чайнік
chaleira

параварка

panela a vapor

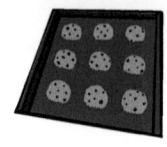

бляха

tabuleiro de forno

посуд

louça

кубак

caneca

міска

tigela

палачкі для ежы

pauzinhos

чарпак

concha de sopa

лапатачка

espátula

збівалка

batedor de claras

сіта для варэння

escorredor

сіта

peneira

тарка

ralador

ступка

almofariz

грыль

churrasqueira

вогнішча

lareira

дошка

tábua de cortar

качалка

rolo da massa

штопар

saca-rolhas

бляшанка

lata

адкрывалка

abridor de latas

прыхваткі

luvas de forno

ракавіна

lava-loiça

шчотка

escova

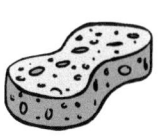

губка

esponja

міксер

liquidificador

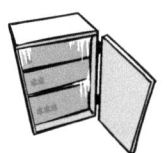

маразільная камера

arca frigorífica

бутэлечка

biberão

вадаправодны кран

torneira

ванная

casa de banho

душ
chuveiro
ручніковы сушыцель
aquecimento
ручнік
toalha
штора для душа
cortina de chuveiro
пенная ванна
banho de espuma
ванна
banheira
шклянка
copo
мыйная машына
máquina de lavar roupa
вадаправодны кран
torneira
плітка
azulejos
начны гаршчок
penico
ракавіна
lava-loiça

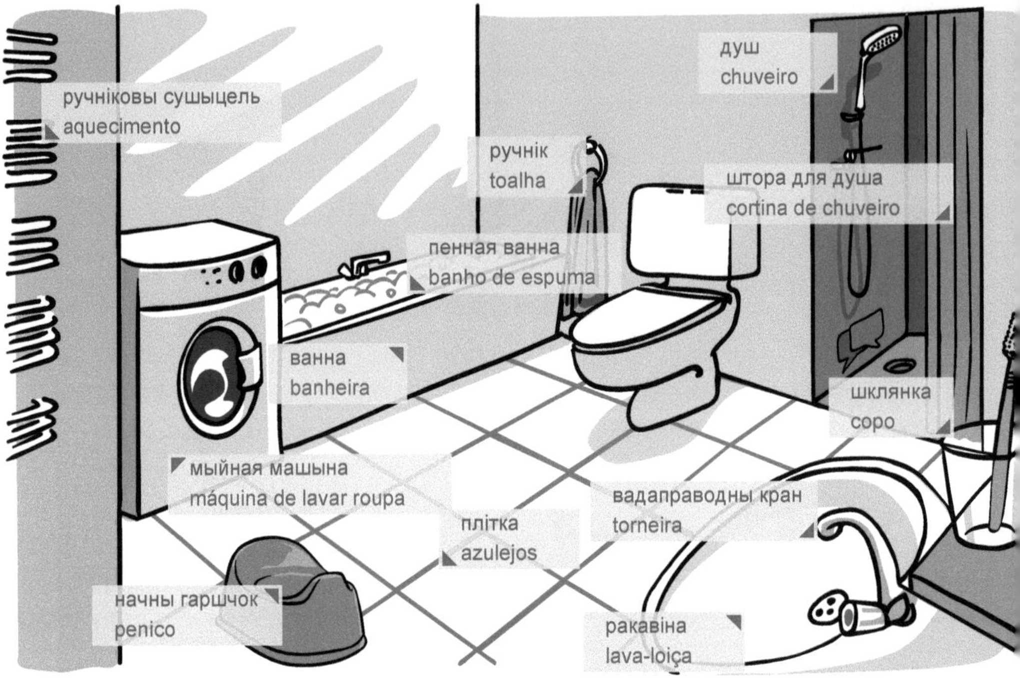

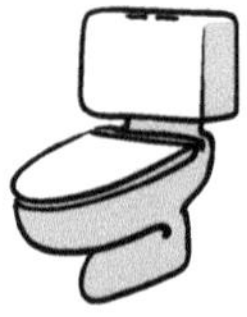

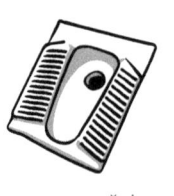

туалет

sanita

падлогавы ўнітаз

retrete turca

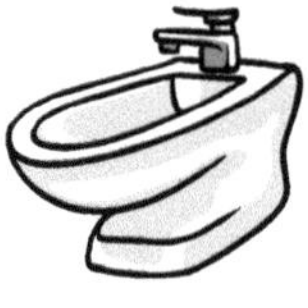

бідэ

bidé

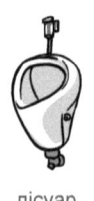

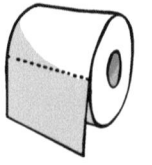

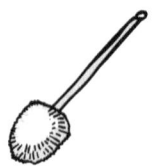

пісуар

urinol

туалетная папера

papel higiénico

шчотка для чысткі ўнітаза

piaçaba

зубная шчотка

escova de dentes

зубная паста

pasta de dentes

зубная нітка

fio dentário

мыць

lavar

ручны душ

chuveiro de mão

інтымны душ

duche íntimo

умывальнік

bacia

шчотка для спіны

escova para as costas

мыла

sabonete

гель для душа

gel de banho

шампунь

champô

вяхотка

toalha de rosto

вадасцёк

escoamento

крэм

creme

дэзадарант

desodorizante

люстэрка

espelho

касметычнае люстэрка

espelho de mão

станок для галення

máquina de barbear

пена для галення

creme de barbear

ласьён пасля галення

loção pós-barba

грэбень

pente

шчотка

escova

фен

secador de cabelo

лак для валасоў

spray de cabelo

касметыка

maquilhagem

памада

batom

лак для пазногцяў

verniz de unhas

вата

algodão

манікюрныя нажніцы

tesoura para unhas

духі

perfume

касметычка

nécessaire

табурэтка

tamborete

вагі

balança

лазневы халат

roupão de banho

санітарныя пальчаткі

luvas de borracha

тампон

tampão

гігіенічныя пракладкі

penso higiénico

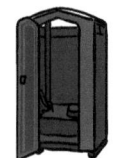

біятуалет

WC químico

дзіцячы пакой
quarto de criança

будзільнік
despertador
мяккая цацка
peluche
цацачная машынка
carro de brincar
бразготка
chocalho
лялечны домік
casa de bonecas
падарунак
presente

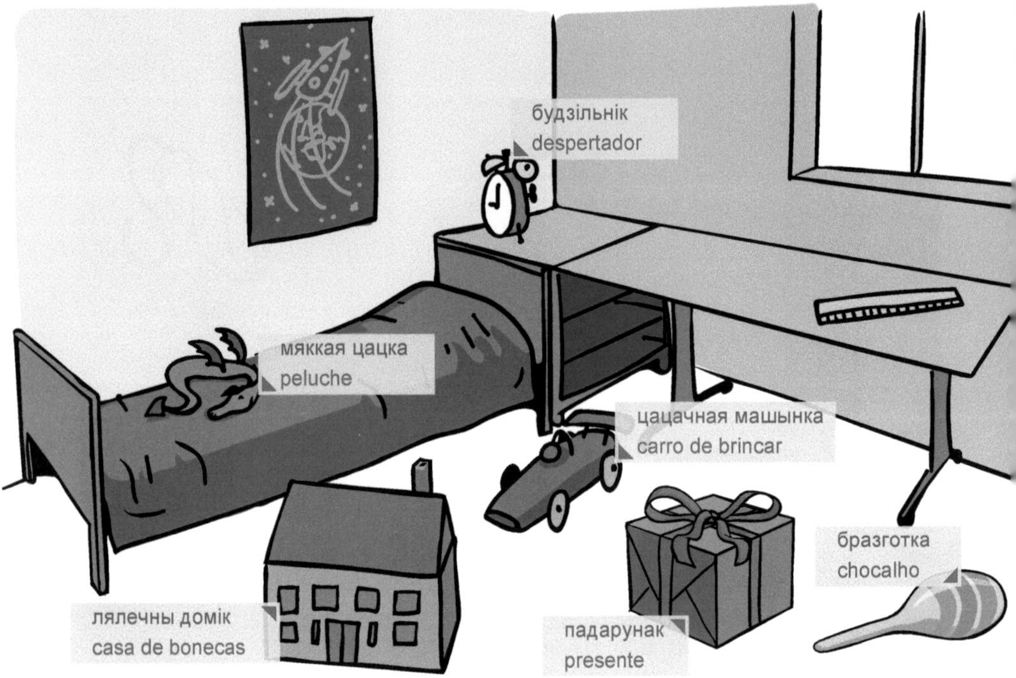

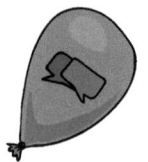

надзіманы шарык

balão

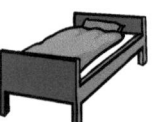

ложак

cama

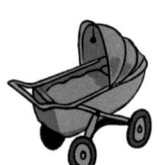

дзіцячая каляска

carrinho de bebé

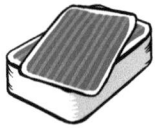

калода картаў

jogo de cartas

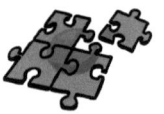

пазл

quebra-cabeças

комікс

banda desenhada

канструктар "Лега"

peças de Lego

канструктар

blocos de construção

экшэн-фігурка

figura de ação

дзіцячы гарнітур

fato de bebé

фрызбі

Frisbee

дзіцячы мабіль

móbile para bebé

настольная гульня

jogo de tabuleiro

кубік

dados

дзіцячая чыгунка

pista de comboio elétrico

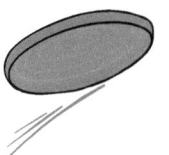

пустышка

chupeta

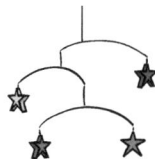

дзіцячае свята

festa

кніга з малюнкамі

livro ilustrado

мячык

bola

лялька

boneca

гуляцца

jogar

пясочніца

caixa de areia

арэлі

baloiço

цацкі

brinquedos

гульнявая відэа прыстаўка

consola de jogos

трохколавы ровар

triciclo

плюшавы мішка

ursinho de peluche

шафа

guarda-roupa

адзенне
vestuário

шкарпэткі

meias

панчохі

meias pelo joelho

калготкі

meias-calças

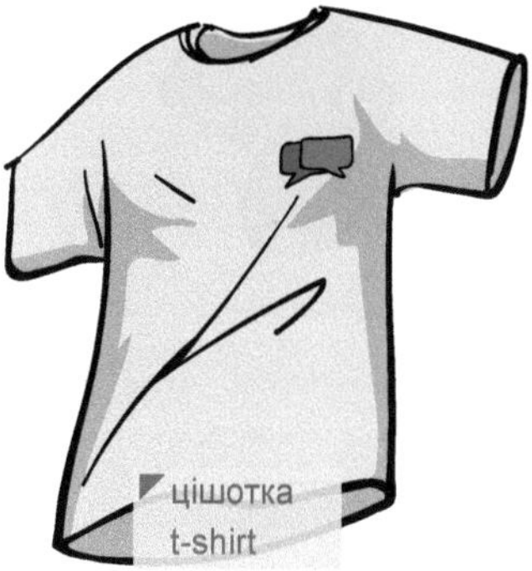

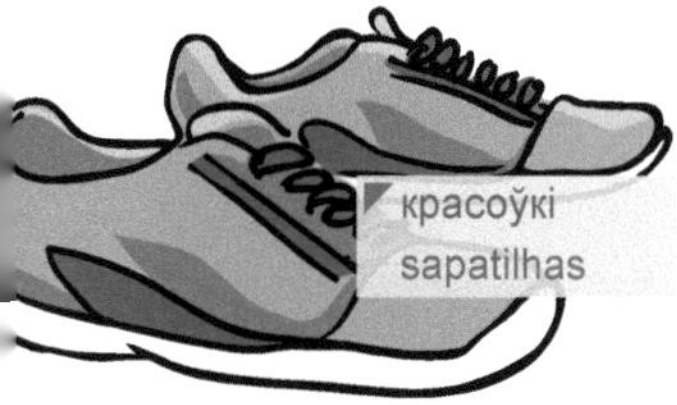

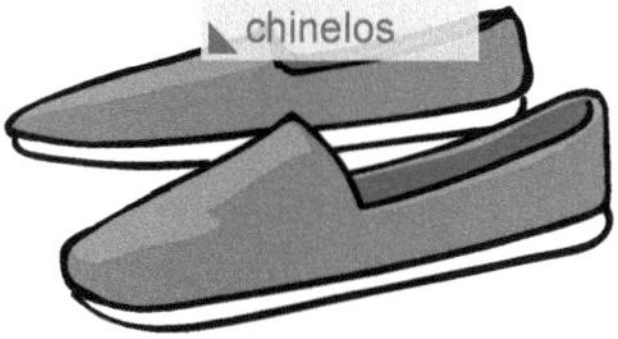

шалік
cachecol

рамень
cinto

парасон
guarda-chuva

цішотка
t-shirt

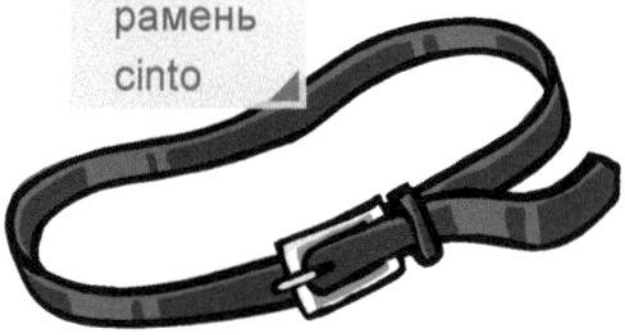

красоўкі
sapatilhas

боты
botas

пантоплі
chinelos

сандалі
....
sandálias

абутак
....
sapatos

гумовыя боты
....
botas de borracha

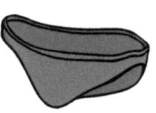

трусы
....
cuecas

бюстгальтар
....
sutiã

майка
....
camisola interior

адзенне - vestuário

бодзі
body

штаны
calças

джынсы
calças de ganga

спадніца
saia

блузка
blusa

кашуля
camisa

джэмпер
pulôver

талстоўка
camisola com capuz

блэйзер
blazer

куртка
casaco

паліто
manto

дажджавік
gabardina

касцюм
traje

сукенка
vestido

вясельная сукенка
vestido de casamento

касцюм

fato

начная сарочка

camisa de dormir

піжама

pijama

сары

sari

хустка

lenço de cabeça

цюрбан

turbante

паранджа

burca

каптан

cafetã

Абая

abaya

купальнік

fato de banho

плаўкі

calções de banho

шорты

calções

спартыўны касцюм

fato de treino

фартух

avental

пальчаткі

luvas

гузік
botão

акуляры
óculos

бранзалет
pulseira

каралі
colar

кальцо
anel

завушніца
brinco

кепка
boné

вешалка
cabide

капялюш
chapéu

гальштук
gravata

маланка
fecho de correr

шлем
capacete

падцяжкі
suspensórios

школьная форма
uniforme escolar

уніформа
uniforme

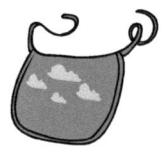

нагруднік

babete

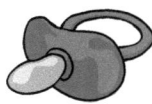

пустышка

chupeta

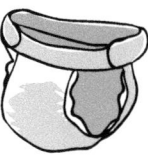

падгузнік

fralda

офіс

escritório

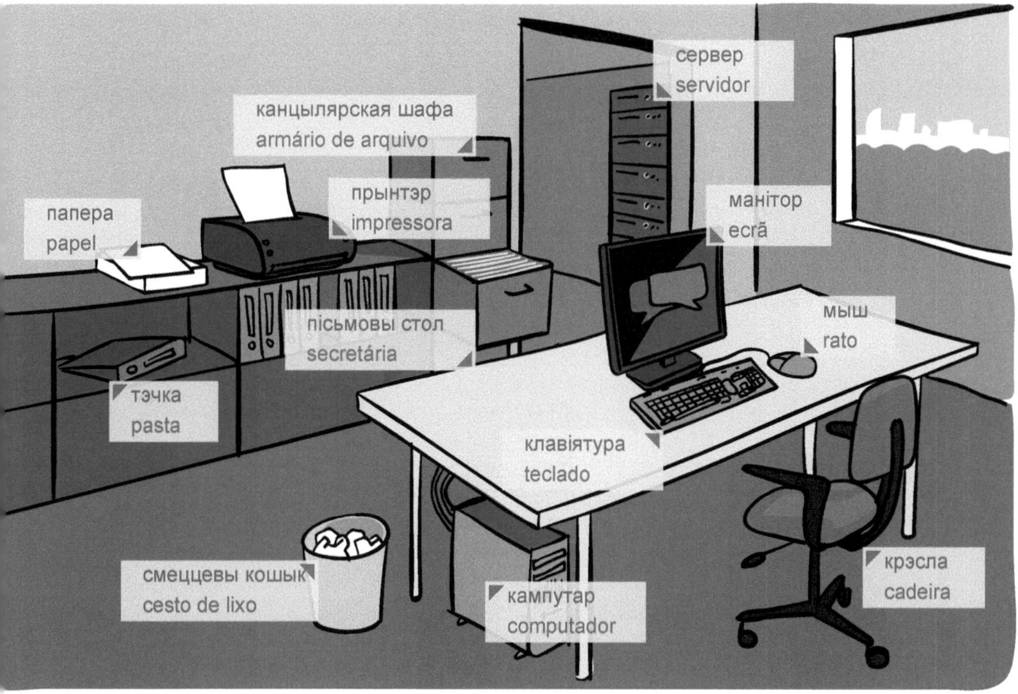

сервер
servidor
канцылярская шафа
armário de arquivo
прынтэр
impressora
папера
papel
манітор
ecrã
мыш
rato
пісьмовы стол
secretária
тэчка
pasta
клавіятура
teclado
смеццевы кошык
cesto de lixo
кампутар
computador
крэсла
cadeira

убак для кавы (філіжанка)

caneca de café

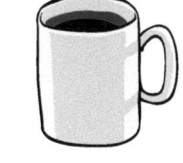

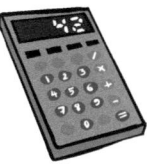

калькулятар

calculadora

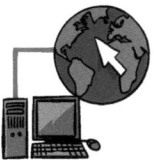

інтэрнэт

internet

ноўтбук

computador portátil

ліст

carta

паведамленне

mensagem

мабільны тэлефон

telemóvel

сетка

rede

ксеракс

fotocopiadora

праграмнае забеспячэнне

software

тэлефон

telefone

разетка

tomada elétrica

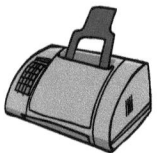

факс

fax

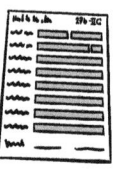

фармуляр

formulário

дакумент

documento

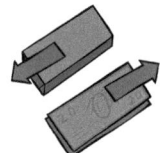

купляць

comprar

плаціць

pagar

гандляваць

negociar

грошы

dinheiro

долар

dólar

еўра

euro

ена

yen

рубель

rublo

франк

franco suíço

кітайскі юань

renminbi yuan

рупія

rupia

банкамат

caixa de multibanco

абменны пункт

casa de câmbio

золата

ouro

срэбра

prata

нафта

petróleo

энергія

energia

цана

preço

кантракт

contrato

падатак

imposto

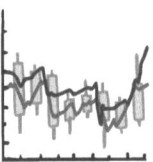

акцыя

ação

працаваць

trabalhar

служачы

empregado

працадаўца

entidade patronal

фабрыка

fábrica

крама

loja

прафесii
profissões

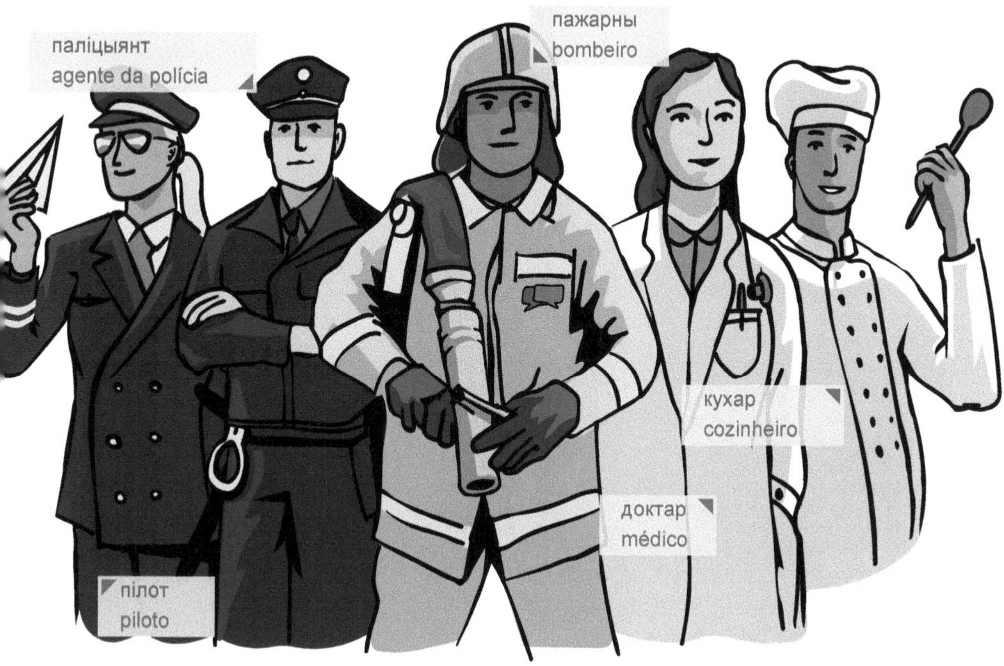

паліцыянт
agente da polícia
пажарны
bombeiro
кухар
cozinheiro
доктар
médico
пілот
piloto

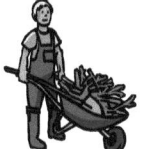

садоўнік

jardineiro

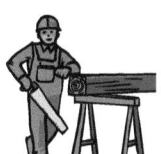

слесар

carpinteiro

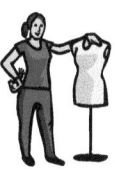

швачка

costureira

суддзя

juiz

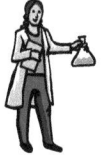

хімік

químico

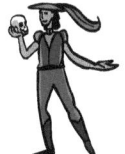

артыст

ator

кіроўца аўтобуса

motorista de autocarro

таксіст

motorista de táxi

рыбак

pescador

прыбіральшчыца

empregada de limpeza

страхар

telhador

афіцыянт

empregado de mesa

паляўнічы

caçador

мастак

pintor

пекар

padeiro

электрык

eletricista

будаўнік

construtor

інжынер

engenheiro

мяснік

talhante

сантэхнік

canalizador

паштальён

carteiro

салдат
soldado

архітэктар
arquiteto

касір
caixa

фларыст
florista

цырульнік
cabeleireiro

кандуктар
controlador de bilhetes

механік
mecânico

капітан
capitão

стаматолаг
dentista

вучоны
cientista

рабін
rabino

імам
imã

манах
monge

святар
pastor

прафесіі - profissões

інструменты

ferramentas

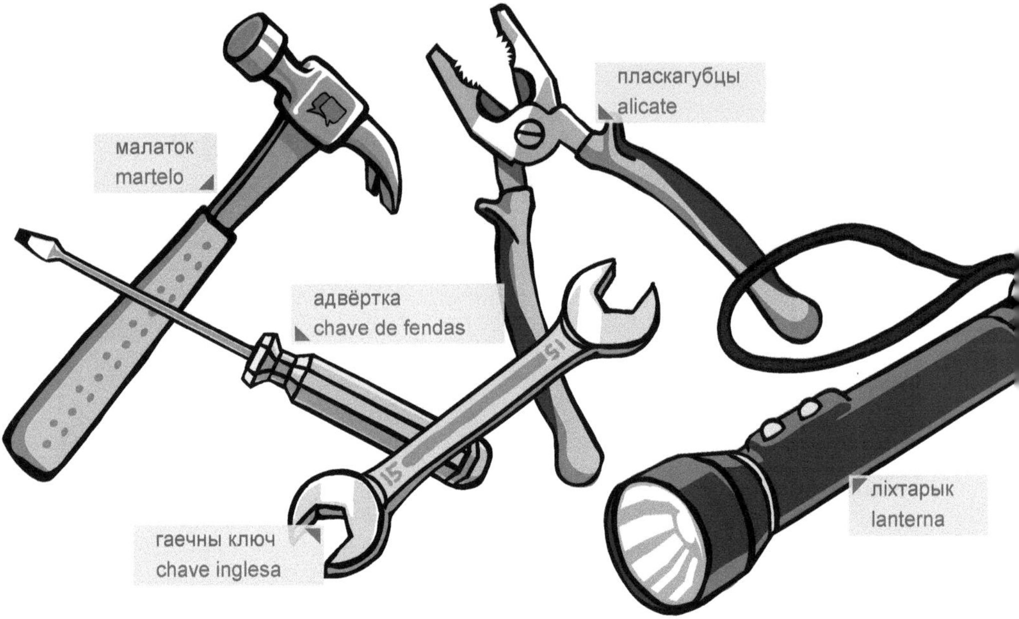

малаток
martelo
пласкагубцы
alicate
адвёртка
chave de fendas
гаечны ключ
chave inglesa
ліхтарык
lanterna

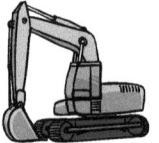

экскаватар

escavadora

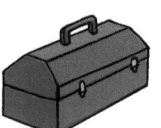

скрыня для інструментаў

caixa de ferramentas

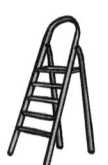

дравіны

escadote

піла

serra

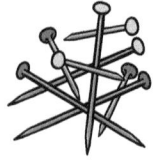

цвікі

pregos

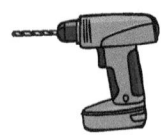

дрыль

broca

рамантаваць

reparar

рыдлеўка

pá

Халера!

porcaria!

шуфлік для смецця

pá de lixo

вядро з фарбаю

pote de tinta

балты

parafusos

музычныя інструменты
instrumentos musicais

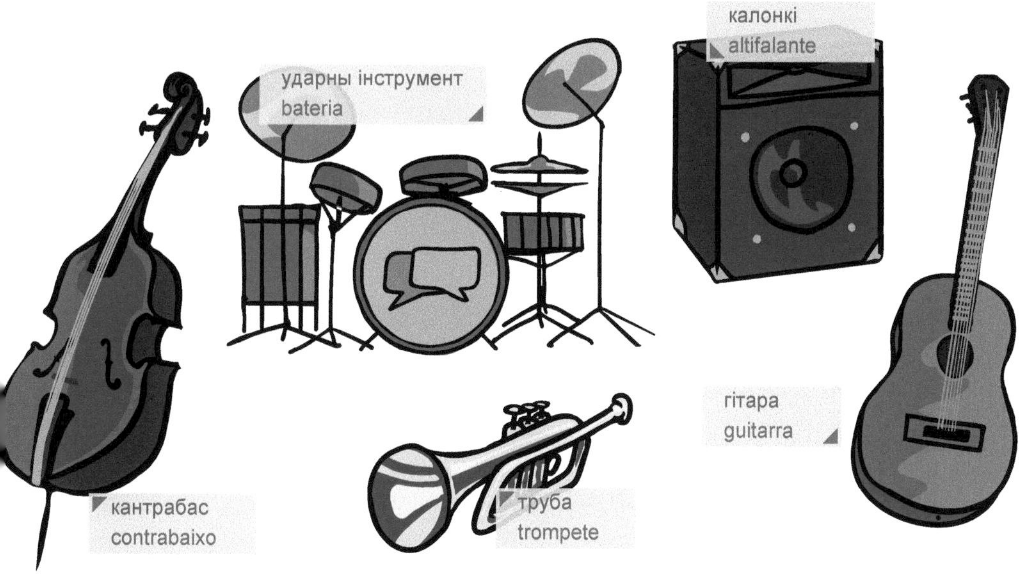

калонкі
altifalante

ударны інструмент
bateria

гітара
guitarra

кантрабас
contrabaixo

труба
trompete

піяніна

piano

скрыпка

violino

басгітара

baixo

літаўры

timbales

барабан

tambor

клавішны электрамузычны інструмент

teclado

саксафон

saxofone

флейта

flauta

мікрафон

microfone

заапарк

jardim zoológico

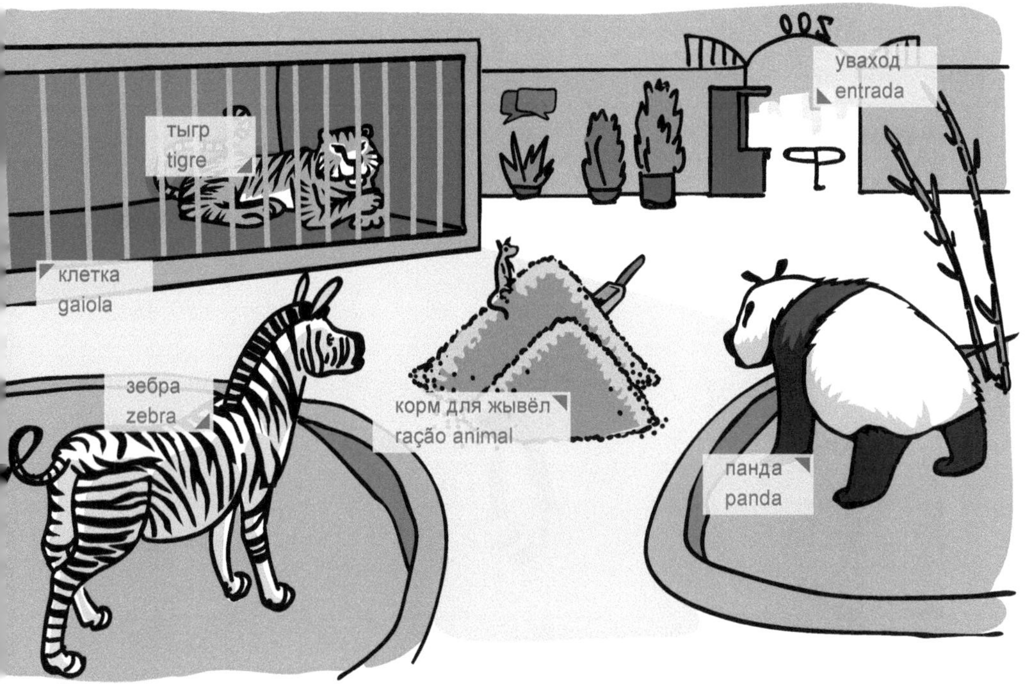

тыгр
tigre
уваход
entrada
клетка
gaiola
зебра
zebra
корм для жывёл
ração animal
панда
panda

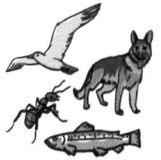

жывёлы

animais

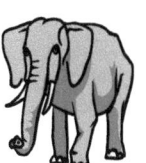

слон

elefante

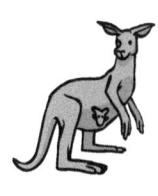

кенгуру

canguru

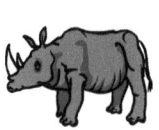

насарог

rinoceronte

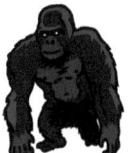

гарыла

gorila

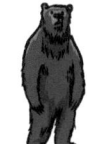

мядзведзь

urso

вярблюд

camelo

стравус

avestruz

леў

leão

малпа

macaco

фламінга

flamingo

папугай

papagaio

белы мядзведзь

urso polar

пінгвін

pinguim

акула

tubarão

паўлін

pavão

змяя

cobra

кракадзіл

crocodilo

наглядчык заапарка

guarda do jardim zoológico

цюлень

foca

ягуар

jaguar

поні
pónei

леапард
leopardo

бегемот
hipopótamo

жыраф
girafa

арол
águia

дзік
javali

рыбак
peixe

чарапаха
tartaruga

морж
morsa

ліса
raposa

газель
gazela

амерыканскі футбол
futebol americano

веласпорт
ciclismo

тэніс
ténis

баскетбол
basquetebol

плаванне
natação

бокс
boxe

хакей з шайбай
hóquei no gelo

футбол

futebol

бадмінтон

badminton

лёгкая атлетыка

atletismo

гандбол

andebol

горныя лыжы

esqui

пола

polo

скакаць
saltar

смяяцца
rir

абдымаць
abraçar

спяваць
cantar

ісці
andar

маліцца
rezar

цалаваць
beijar

марыць
sonhar

пісаць
escrever

маляваць
desenhar

паказваць
mostrar

націснуць
empurrar

даваць
dar

браць
tomar

мaць
....
ter

выконваць
....
fazer

быць
....
ser

стаяць
....
ficar de pé

бегчы
....
correr

цягнуць
....
puxar

кідаць
....
remessar

падаць
....
cair

ляжаць
....
deitar

чакаць
....
esperar

насіць
....
carregar

сядзець
....
sentar

апранацца
....
vestir

спаць
....
dormir

прачынацца
....
acordar

глядзець

olhar para

плакаць

chorar

лашчыць

acariciar

прычэсвацца

pentear

гаварыць

falar

разумець

compreender

пытаць

perguntar

чуць

ouvir

піць

beber

есці

comer

прыбіраць

arrumar

кахаць

amar

гатаваць

cozinhar

ехаць

conduzir

лятаць

voar

плаваць пад ветразем

velejar

лічыць

calcular

чытаць

ler

вучыць

aprender

працаваць

trabalhar

уступаць у шлюб

casar

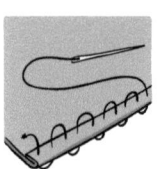

шыць

costurar

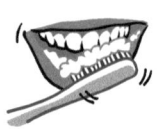

чысціць зубы

escovar os dentes

забіваць

matar

курыць

fumar

пасылаць

enviar

сям'я
família

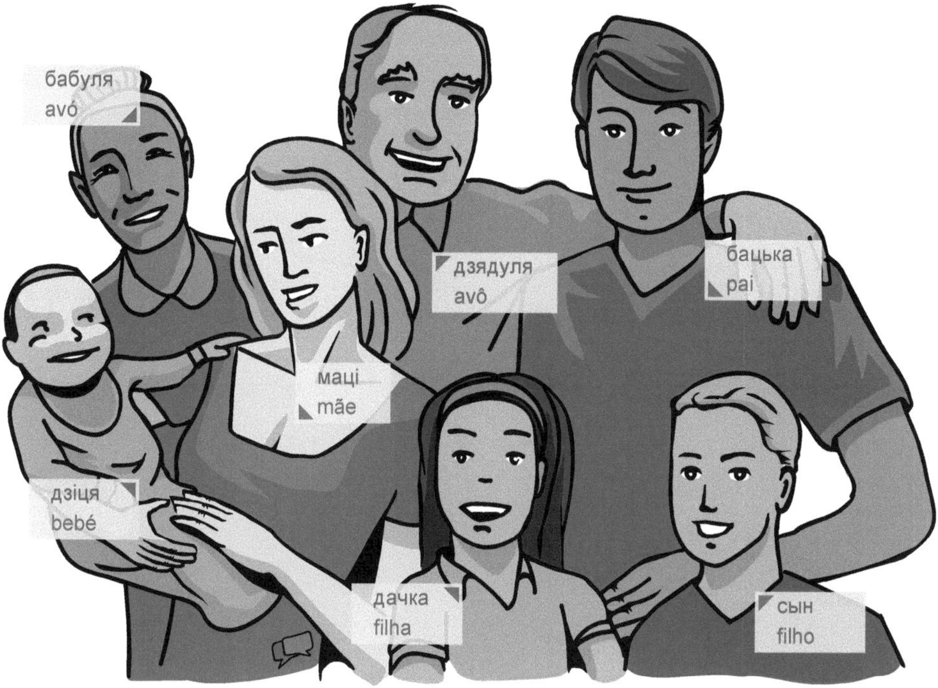

бабуля
avó
дзядуля
avô
бацька
pai
маці
mãe
дзіця
bebé
дачка
filha
сын
filho

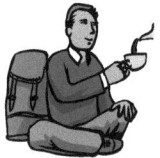

госць

convidado

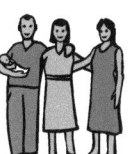

цётка

tia

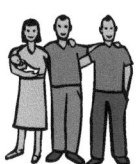

дзядзька

tio

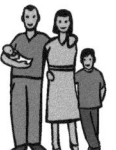

брат

irmão

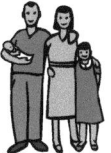

сястра

irmã

цела

corpo

лоб
testa
вока
olho
плячо
ombro
палец
dedo
твар
cara
падбародак
queixo
рука
mão
нага
perna
грудзі
peito
рука
braço

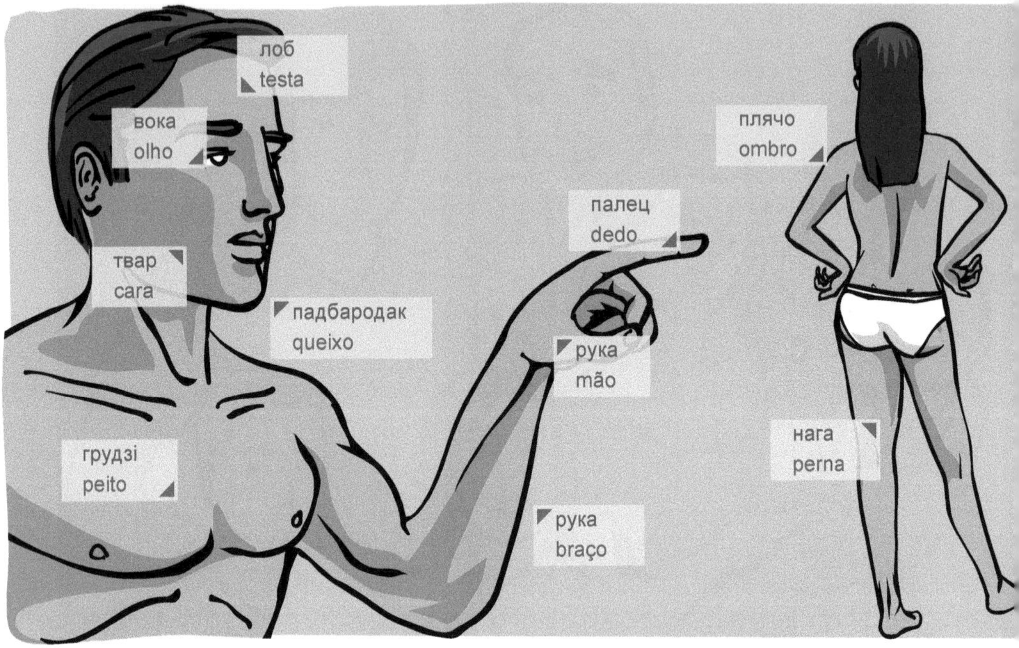

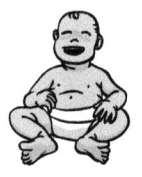

дзіця

bebé

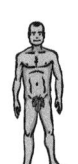

мужчына

homem

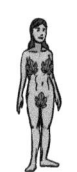

жанчына

mulher

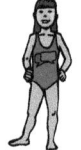

дзяўчынка

menina

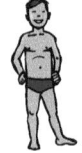

хлопчык

menino

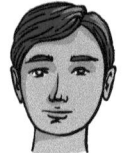

галава

cabeça

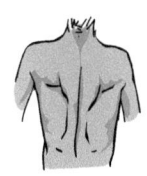

спіна

costas

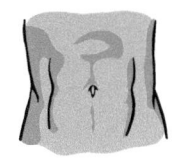

жывот

barriga

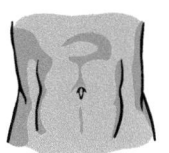

пуп

umbigo

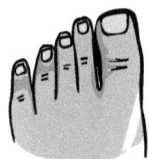

палец нагі

dedo do pé

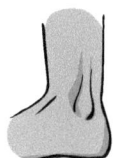

пятка

calcanhar

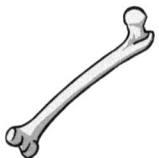

костка

osso

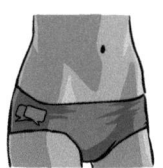

бядро

anca

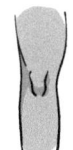

калена

joelho

локаць

cotovelo

нос

nariz

ягадзіца

nádegas

скура

pele

шчака

bochecha

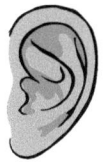

вуха

orelha

губа

lábio

рот
boca

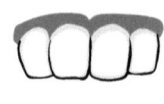

зуб
dente

язык
língua

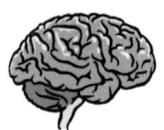

галаўны мозг
cérebro

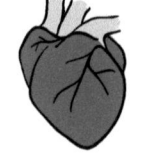

сэрца
coração

мышца
músculo

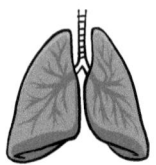

лёгкае
pulmão

пячонка
fígado

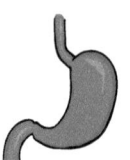

страўнік
estômago

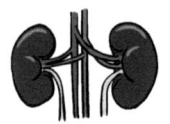

ныркі
rins

сэкс
relações sexuais

прэзерватыў
preservativo

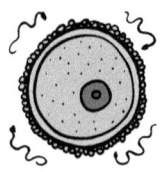

яйцаклетка
óvulo

сперма
esperma

цяжарнасць
gravidez

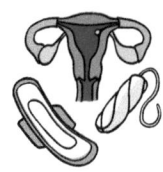

менструацыя

menstruação

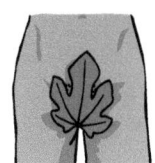

похва

vagina

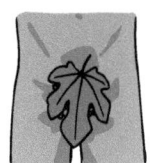

пеніс

pénis

брыво

sobrancelha

валасы

cabelo

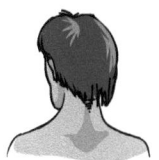

шыя

pescoço

шпіталь
hospital

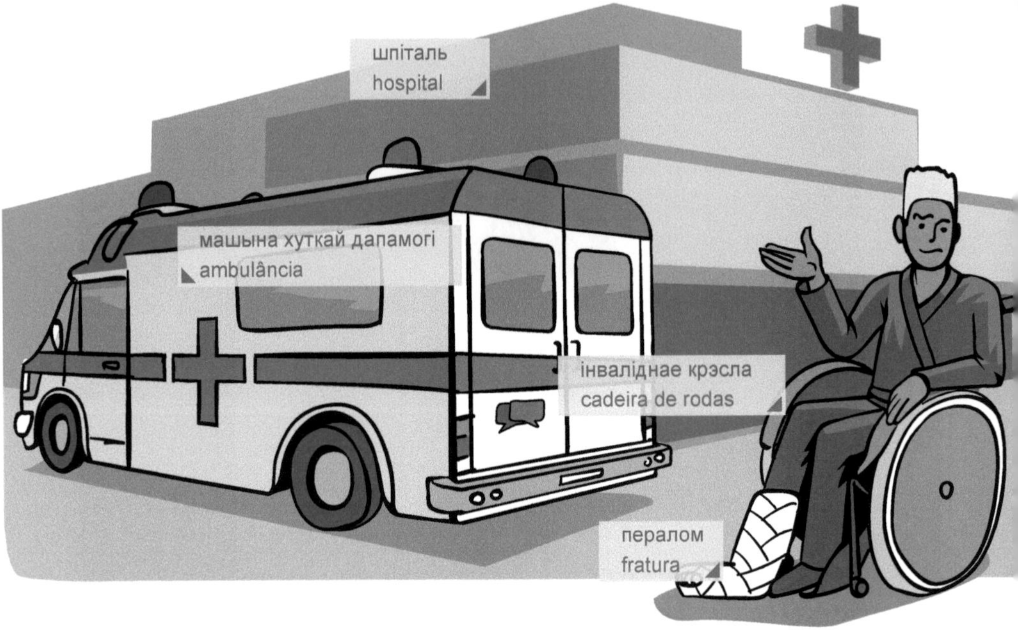

шпіталь
hospital
машына хуткай дапамогі
ambulância
інвалiднае крэсла
cadeira de rodas
пералом
fratura

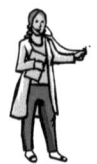

доктар

médico

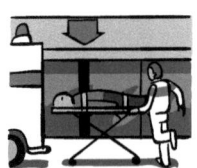

аддзяленне першай дапамогі

serviço de urgências

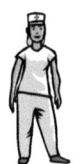

медсястра

enfermeira

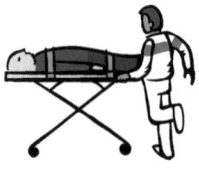

экстраная дапамога

emergência

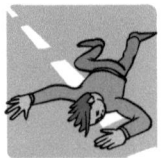

непрытомны

inconsciente

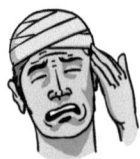

боль

dor

траўма

ferimento

крывацёк

hemorragia

інфаркт

ataque cardíaco

апаплексія

acidente vascular cerebral

алергія

alergia

кашаль

tosse

гарачка

febre

грып

gripe

панос

diarreia

галаўны боль

dor de cabeça

рак

cancro

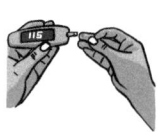

дыябет

diabetes

хірург

cirurgião

скальпель

bisturi

аперацыя

operação

КТ
CT

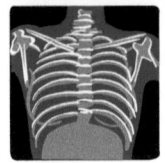

рэнтген
raio x

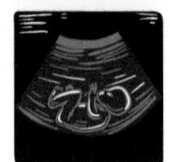

ультрагук
ultrassom

маска
máscara

хвароба
doença

пачакальня
sala de espera

мыліца
muleta

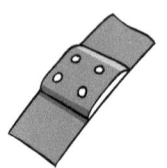

пластыр
penso rápido

бінт
ligadura

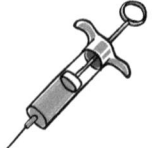

ін'екцыя
injeção

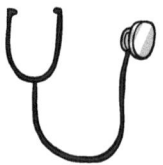

стэтаскоп
estetoscópio

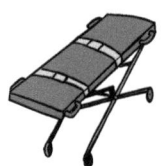

насілкі
maca

градуснік
termómetro

нараджэнне
nascimento

лішняя вага
excesso de peso

слухавы апарат

aparelho auditivo

дэзінфекцыйны сродак

desinfetante

інфекцыя

infeção

вірус

vírus

ВІЧ/СНІД

HIV / SIDA

лекі

medicamento

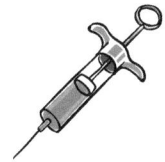

прышчэпка

vacinação

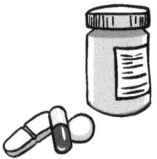

таблеткі

comprimidos

супрацьзачаткавая таблетка

pílula

экстраны выклік

chamada de emergência

танометр

dispositivo de medição de pressão arterial

хворы / здаровы

doente / saudável

Ратуйце!

Socorro!

сігналізацыя

alarme

напад

assalto

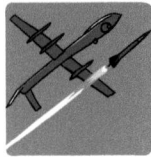

атака

ataque

небяспека

perigo

аварыйны выхад

saída de emergência

Пажар!

Fogo!

вогнетушыцель

extintor de incêndios

аварыя

acidente

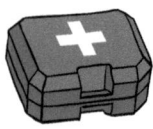

аптэчка

estojo de primeiros socorros

COC

SOS

паліцыя

polícia

Еўропа

Europa

Паўночная Амерыка

América do Norte

Паўднёвая Амерыка

América do Sul

Афрыка

África

Азія

Ásia

Аўстралія

Austrália

Атлантычны акіян

Atlântico

Ціхі акіян

Pacífico

Індыйскі акіян

Oceano Índico

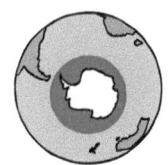

Паўднёвы ледавіты акіян

Oceano Antártico

Паўночны ледавіты акіян

Oceano Ártico

Паўночны полюс

Polo Norte

Паўднёвы полюс

Polo Sul

Антарктыда

Antártica

Зямля

terra

краіна

país

мора

mar

востраў

ilha

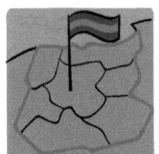

нацыя

nação

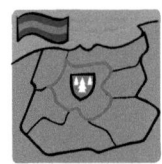

дзяржава

estado

цыферблат

mostrador do relógio

гадзінная стрэлка

ponteiro das horas

хвілінная стрэлка

ponteiro dos minutos

секундная стрэлка

ponteiro dos segundos

Колькі часу?

Que horas são?

дзень

dia

час

tempo

зараз

agora

электронны гадзіннік

relógio digital

хвіліна

minuto

гадзіна

hora

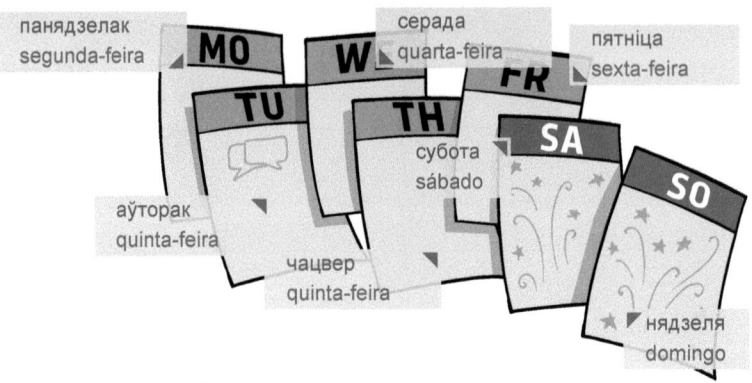

панядзелак
segunda-feira

серада
quarta-feira

пятніца
sexta-feira

аўторак
quinta-feira

субота
sábado

чацвер
quinta-feira

нядзеля
domingo

ўчора

ontem

сёння

hoje

заўтра

amanhã

раніца

manhã

абед

meio-dia

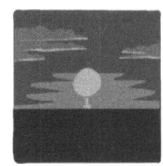

вечар

entardecer

MO	TU	WE	TH	FR	SA	SU
1	2	3	4	5	6	7
8	9	10	11	12	13	14
15	16	17	18	19	20	21
22	23	24	25	26	27	28
29	30	31	1	2	3	4

працоўныя дні

dias úteis

MO	TU	WE	TH	FR	SA	SU
1	2	3	4	5	6	7
8	9	10	11	12	13	14
15	16	17	18	19	20	21
22	23	24	25	26	27	28
29	30	31	1	2	3	4

выхадныя

fim de semana

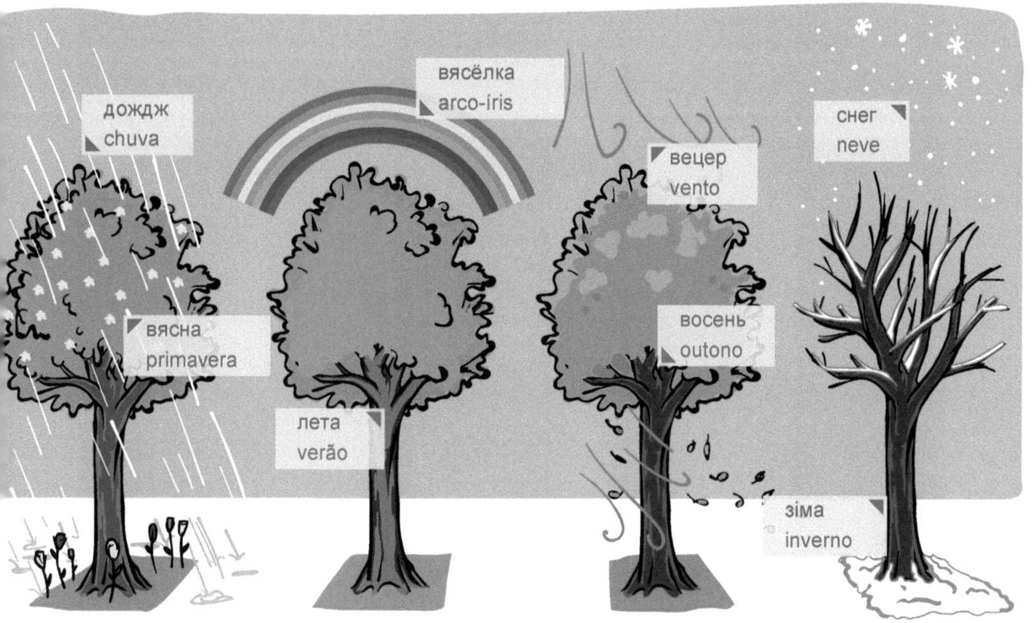

дождж
chuva
вясёлка
arco-íris
снег
neve
вецер
vento
вясна
primavera
восень
outono
лета
verão
зіма
inverno

4.APRIL 11°
5.APRIL 4°
6.APRIL 13°
7.APRIL 8°
8.APRIL 10°

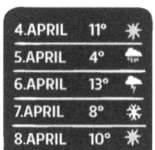

прагноз надвор'я

previsão do tempo

F C
120 40
90 30
60 20
30 10
0 0
-30 -10
-20

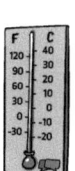

градуснік

termómetro

сонечнае святло

raios de sol

воблака

nuvem

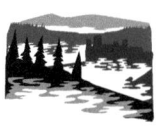

туман

neblina / nevoeiro

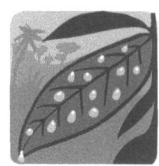

вільготнасць паветра

humidade do ar

маланка

relâmpago

гром

trovão

бура

tempestade

град

granizo

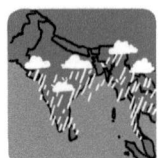

мусонны вецер

monção

прыліў

inundação

лёд

gelo

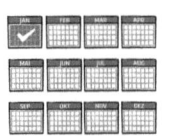

студзень

janeiro

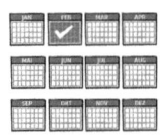

люты

fevereiro

сакавік

março

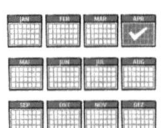

красавік

abril

май

maio

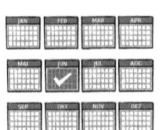

чэрвень

junho

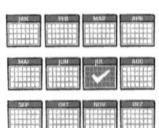

ліпень

julho

жнівень

agosto

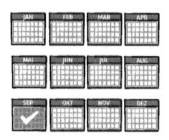

верасень
....
setembro

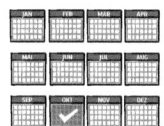

кастрычнік
....
outubro

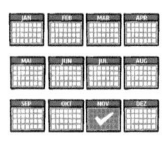

лістапад
....
novembro

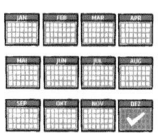

снежань
....
dezembro

круг
....
círculo

квадрат
....
quadrado

прамавугольнік
....
retângulo

трохвугольнік
....
triângulo

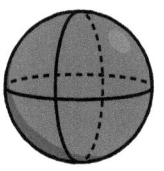

шар
....
esfera

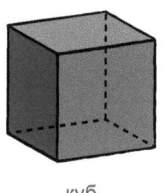

куб
....
cubo

белы

branco

жоўты

amarelo

аранжавы

laranja

ружовы

rosa

чырвоны

vermelho

фіялетавы

lilás

сіні

azul

зялёны

verde

карычневы

castanho

шэры

cinzento

чорны

preto

шмат / мала

muito / pouco

злы / добры

furioso / calmo

прыгожы / брыдкі

lindo / feio

пачатак / канец

princípio / fim

высокі / малы

grande / pequeno

светлы / цёмны

claro / escuro

сястра / брат

irmão / irmã

чысты / брудны

limpo / sujo

поўны / няпоўны

completo / incompleto

дзень / ноч

dia / noite

мёртвы / жывы

morto / vivo

шырокі / вузкі

largo / estreito

ядомы / неядомы

comestível / não comestível

злы / добры

mau / gentil

узбуджаны / нудны

entusiasmado / entediado

тоўсты / тонкі

gordo / magro

першы / апошні

primeiro / último

сябар / вораг

amigo / inimigo

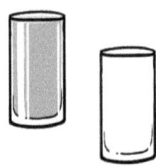

поўны / пусты

cheio / vazio

цвёрды / мяккі

duro / macio

важкі / лёгкі

pesado / leve

голад / смага

fome / sede

хворы / здаровы

doente / saudável

нелегальны / легальны

ilegal / legal

разумны / дурны

inteligente / burro

левы / правы

esquerda / direita

побач / далёка

perto / longe

новы / былы ва ўжыванні
novo / usado

нічога / нешта
nada / algo

стары / малады
velho / jovem

укл / выкл
ligado / desligado

адчынены / зачынены
aberto / fechado

ціхі / гучны
baixo / alto

багаты / бедны
rico / pobre

правільна / няправільна
certo / errado

шурпаты / гладкі
áspero / liso

сумны / шчаслівы
triste / feliz

кароткі / доўгі
curto / longo

павольны / хуткі
lento / rápido

вільготны / сухі
molhado / seco

цёплы / халаднаваты
ameno / fresco

вайна / мір
guerra / paz

0

нуль

zero

1

адзін

um

2

два

dois

3

тры

três

4

чатыры

quatro

5

пяць

cinco

6

шэсць

seis

7

сем

sete

8

восем

oito

9

дзевяць

nove

10

дзесяць

dez

11

адзінаццаць

onze

12

дванаццаць
doze

13

трынаццаць
treze

14

чатырнаццаць
catorze

15

пятнаццаць
quinze

16

шаснаццаць
dezasseis

17

сямнаццаць
dezassete

18

васямнаццаць
dezoito

19

дзевятнаццаць
dezanove

20

дваццаць
vinte

100

сто
cem

1.000

тысяча
mil

1.000.000

мільён
milhão

англійская

inglês

англійская (Амерыка)

inglês americano

кітайская мандарынская

chinês mandarim

хіндзі

hindi

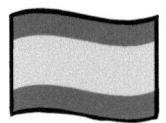

іспанская

espanhol

французская

francês

арабская

árabe

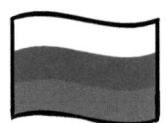

руская

russo

партугальская

português

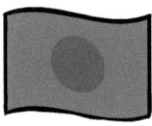

бенгальская

bengalês

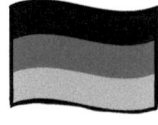

нямецкая

alemão

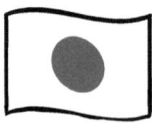

японская

japonês

я

eu

ты

tu

ён / яна / яно

ele / ela

мы

nós

вы

vós

яны

eles / elas

хто?

quem?

што?

o quê?

як?

como?

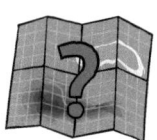

дзе?

onde?

калі?

quando?

імя

nome

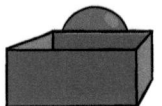

за
....
atrás

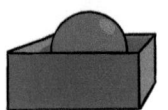

у
....
em

перад
....
à frente de

над
....
sobre

на
....
em cima

пад
....
debaixo

каля
....
ao lado

паміж
....
entre

месца
....
lugar